Les Impliqués Éditeur

Structure éditoriale récente fondée par L'Harmattan, Les Impliqués Éditeur a pour ambition de proposer au public des ouvrages de tous horizons, essentiellement dans les domaines des sciences humaines et de la création littéraire.

Déjà parus

Ratel (Nadette), *Ton amour est ma lumière, roman*, 2019.

Mbemba Dya-Bô-Benazo-Mbanzulu (Rudy), *Le procès d'André Grenard Matsoua, Pour son combat de restauration de la dignité africaine (Congo-Brazzaville)*, 2019.

Lange (Jean-Marie), *Sociologie clinique contre les diverses exploitations humaines, Pour une introduction à la psychologie sociale anti-libérale*, 2019.

Batchi (Neil Davis), *En « Mbé-bas ». Poésie*, 2019.

Macalou (Mamadou), *Oser entreprendre au Mali. Une des alternatives à l'emploi des jeunes*, tome 1, 2019.

Wonja (Irma), *Oser dire oui à l'univers*, 2019.

Roualland (Daniel), *Pourquoi je n'ai pas tué Althusser*, 2019

Mastrangelo (Valérie), *Bulles de rêves*, 2019.

Arav (René), *Diplomates et espions français, héros oubliés, Balkans, 1940-1945, Témoignage*, 2019.

M'Pwati-Titho (Claude), *Le royaume de Loango, Symbole et repère d'une génération*, 2019.

Ces dix derniers titres de ce secteur sont classés par ordre chronologique en commençant par le plus récent.
La liste complète des parutions, avec une courte présentation du contenu des ouvrages, peut être consultée sur le site :
www.lesimpliques.fr

BALNÉAIRE

© Les impliqués Éditeur, 2019
21 bis, rue des écoles, 75005 Paris

www.lesimpliques.fr
contact@lesimpliques.fr

ISBN : 978-2-343-19117-1
EAN : 9782343191171

Jean-Paul Robin

Balnéaire

Poèmes

Les impliqués Éditeur

Du même auteur

Arcadie, revue littéraire et scientifique

Année 1969, poèmes

Les yeux vides, récit, 1969

Le voyage, nouvelle, 1970

Année 1971, poèmes

La parallèle, nouvelle, 1976

Lettres mortes, récit, éditions L'Harmattan, 2017

Du bout du cœur, récit, éditions L'Harmattan, 2017

Sur des semelles de vent, éditions L'Harmattan, 2018

Parenthèse mélancolie, éditions L'Harmattan, 2019

Tu seras encore jeune, je ne le serais plus, éditions L'Harmattan, 2019

A Serge, mon ami.

BALNEAIRE

Jeunes évadés du camp de Dieu sait quand
Combien de fleurs
Ô boutonnières

Jeunes lys où chaque matin
Votre hélice vibre et soutient
La conversation familière

Saigne partout abandonné
Jardin de la perte de vue
Nul ne se connait
Mieux qu'en absence toute nue

Dissemblance dans un regard
Qu'on croyait neutre
Et renaître une folie
Devant la mer à midi sans honte
De la sorte
Il neige des enfants de chœur
Et le train ne peut plus partir

Dans le parc aux branches négatives
L'allée cavalière s'en va
Il n'importe pas que l'on suive
Et que l'on marque pas à pas
De sa lenteur les fugitifs
Souvenirs qu'on ne trouve pas

La voix trouble du crépuscule
Fait sortir les baigneurs de l'eau
Et le phare aux yeux d'oiseau

Dans quels yeux danseurs se rallume

Je te vis un sourire

A l'enfuie des chemins
Les arbres au ciel s'ennuageaient
En de closes clairières

Tu effleureras mes doigts

La nuit n'avait laissé
Qu'aux taillis des obscurs
Le jour s'éternisait

Et je connus tes lèvres

Je t'aime…

Et le silence bouge.
La solitude craque au loin d'une autre chambre.

Je te prends en mes cuisses,
En mon ventre.
Et du sommeil de soif,
Asséchant de vouloir,
De cette nuit cognante
Aux bornes d'impossible,
Je te donne le Rêve…

Les vents ont fui
Au profil des nuages
Il fut des temps, des pluies…

Dans de hasards chemins
Des pas indifférents ont envahi nos traces.
Nos herbes, à goûter leur amertume,
D'une verte salive
Attendent encore la morsure.

Les silex de nos plages cisèlent aux marées,
Pour toi te reposer dans le rocher,
Un trône.

Après des âges, nous viendrons,
Souvenir par nos yeux,
Ce qu'en mon cœur les larmes ont emperlé de joie,

Nous reconnaîtrons bien,
De ces trois jours, notre jeunesse,
Notre couleur d'amour,
D'une chambre, le ciel.

Il y aura des mots dans le silence,
Et d'un baiser montera le soleil.

Peut-être de pleurer,
Le vent causera-t-il seul la douceur
A nous dire je t'aime ;
La falaise oubliera son écho
Et la mer enfouira dans le sable
Le froissement de son écume.

Là-bas, des jours,
D'imprévisibles heures,
Les brumes ont porté cependant,
Sans nous, des varechs et des mousses,
Cette odeur qui fut nôtre.

Partout, de ce revoir,
Je vénère à mes doigts
Comme un secret
Et jusqu'à ce voyage,
A cet aller certain vers nos rivages…

S'il y eut, par la flamme de frigides chandelles,
La grisaille infinie de l'absence,
Des tristesses.
Pas d'un seul geste,
Ma main n'aura quitté ta main.

Je te regarde au travers de ma peine ;
Je t'envisage ensommeillé,
Lié par cette nuit
A des rêves roulants
Par ta fièvre mouillée.

Tes draps souffrants
Tant de fois tu fouilleras
En me cherchant…

Par ce parfum de toi
Qui m'est resté,
Fuyant au bout des doigts,
Nous nous retrouvons cette nuit
Au creux de notre amour,
Et je te bercerai,
Je tromperai les fièvres
En mettant à ton cou
Mes lèvres fraîches à l'air de cette nuit.

Je brouillerai pour toi
L'or en feu, les cuivres assourdissants
De ces délires où tu dérives.

Je t'aimerai tant,
Que ma vie en toi, coulera jusqu'à l'aube,
A ce premier effleurement du jour
Où se dessinera à tes lèvres un sourire.
Tu délieras tes doigts sur le désir d'insupportables caresses.

Alors je m'enfuirai au mieux de mon sommeil.
Je garderai pour toi notre union.
Et dans le lit désert,
Je fermerai mes poings
Contre les quelques heures
A gagner la fin de cette nuit…

Calme éperdue d'une sourde inconscience,
La lampe allume
Un regard de confort
Dans mon silence.

J'attends l'aube et le bruit
Et guette au long du mur
Un sommeil théorique

J'attends au hasard le jour de demain,
Des mots…du bruit…
Je venge ma folie
En regardant plus loin

Que dire s'il fait mal, s'il fait peur
Cette nuit ?
Que taire en moi,
La fuite ?
Qu'attendre ?
QUI ?

Ne pose pas de questions,
Pas de mots.
Pas ces mots-là surtout,
Les mêmes…

Ne me demande pas mon nom.
Pas de nom.
Je ne l'ai dit qu'une fois ;
J'aimais…

N'exige pas mon avenir,
Pas mon Amour,
Pas de ces gestes,
Je ne sais plus.

Tu peux rester à me parler
Des autres,
De toi si tu le veux.
Mais n'attends rien.

Ne m'aime pas,
Pas de tendresse.
Prends-moi seulement, vite,
Ou va-t-en !

Désert, la ville est lavée d'obsidienne.
De blancs chevaux dansent au vent d'été
Devant les palais et les châtelaines,
Belles, aux douces robes de clarté,
Aux douces mains creuses pour les fontaines

Quel est ton nom Ô mon voyage ?
Où naviguer demain si je l'oublie ?
Laisse mes yeux chercher le paysage
De mon enfance hier ensevelie
Quel est ton vrai visage, Ô mon visage ?

Il va
Vert de temps
Vert de pluie
Et de soleil, et son manteau
Se gonfle dans le vent
Qui longe lentement
Les pavés gris
De l'hiver.

Il va
Et son ample manteau
Contient la passion
Qui le nuit,
Sa raison,
Son passé qui résonne
Car son doigt l'a blessé

La guitare a brisé son cœur
Monotone
Comme l'averse qui passe

Il pleure,
Mais son ample manteau
Resserre sa guitare
Son amour et sa peine.
Il resserre
Son malheur,
Car il l'aime.
Il va…

Va, je n'ai point sur l'âme de manteau.
Tu sembles douce une lueur qui fuit,
Larme sur ma joue déroulée suave ;
Va, le jour pleut dans les livres d'images.
Cette harpe dorée plonge sans bruit
Le col de son regard en mes sanglots.

Je marcherai longtemps sur la grève océane,
Ployant vers l'onde une âme délivrée.
Je serai nu,
Et du soleil vêtu seul,
Par une traîne d'ombre.
Pour ton amour
Je me laisserai prendre à l'écume,
Le plaisir tendre d'un éclaboussement de larmes.
Et quand de mon manteau
L'ombre aura pris couleur du sable,
Je ne serai plus rien
Que la poussière étincelante d'une vague,
Quelques remous de vent humide
Par un certain après-midi gris
Sur l'infini cheminement de la grève déserte.

Ce sont des haras muets verts et mauves,
Ce sont des biches de velours,
C'est un paysage aussi clair que les paysages de l'enfance,
Aussi profond que les villes ensevelies de l'Opium.

Le sang lui-même ressemble aux fleurs.

Un prince faisait fleurir des trèfles blancs
Partout où il passait,
Un adolescent fait éclore de fragiles coquelicots
A l'endroit de la terre où il tombe.

J'ai repris la rue
Où tu ne m'as pas aimé.
J'ai repris la rue
Du non-souvenir.
J'ai revu la place
Où je ne t'ai pas rencontré.
J'ai revu la place
Du non-mourir.
Et dans cette attente,
Cette éternité d'insomnie,
J'ai cru entendre
Le même souffle
Du même vent
Qui m'enveloppait en ces temps
Où le rien me faisait mordre,
Où le rien me faisait crier,
Crier, crier mon silence,
Et le toujours des solitudes.
Et dans cette attente,
Cette éternité d'insomnie,
Dans l'infini de cette rue,
J'ai continué, continué
Le même souffle,
Le même vent,
La même attente,
Le même Amour.

Eté sans hiver, hiver sans été,
Haine sans raison.
D'amour et de moi
Qui donc fut jouet ?

Jolie solitude,
Maîtresse de moi,
Amante malade
Dites-moi secret.

Eté sans hiver, hiver sans été,
Journée sans écrire,
Ecole déserte,
Miracle mauvais.

La porte secrète était grande ouverte,
Miracle sans mage,
Et moi je rêvais…

Musique, musique,
A quelle habitude…

Jeunesse de stade,
Etreinte sans bras,
Sais-tu d'où je viens ?
La ville est ovale.

Eté sans hiver, hiver sans été,
La valise est vide,
On n'ose partir.
Crois-tu que je crains
L'adieu sur la porte.

Le simple avenir
Jamais ne m'inquiète.

Je dormais ici…

Adieu, la fête est pour demain.
Combien de fleurs,
Ô boutonnières.
Les équipages sous-marins
Se font signe dans la lumière.
Etranger,
Miroir de ma peine.

Casque des jours,
Dernier masque.

Tous les cadavres se caressent,
Assoupis dans quelle ivresse,
Impassibles, vivaces, Ô morts !

Je répète,
Et chacun répète après moi,

Rien.

Tes mots sont fermés comme des fleurs la nuit,
Le silence est préférable,
Et j'aurai cherché dans l'oubli
Une richesse désagréable. Des mains ont tracé cette phrase,
Des yeux n'ont pas pleuré sur cette page régulière,
Des nerfs n'ont pas frémi,
Une tête n'a pas bougé.

Il reste
Des mots coupés entrecoupés, tragiques,
Le rouge aveuglement du face à face avec soi-même.
Et les ténèbres attirantes comme un trou…

La maison bouge avec mon cœur,
On voudrait croire qu'elle prie,
On voudrait respirer une immense vigueur
Et combattre ce qui fait mal,
A tout prix.

J'ai heurté ma prison de l'épaule,
Je l'ai touchée,
Je l'ai connue comme un corps,
Je l'ai cognée.

Mais rien.

Le papier glisse,
Au tapis la tête s'incline,
Et dans le choc des ramages
Cherche une idée, quelque chose,
Un souvenir,
Un serrement de mains.

Le puits n'a pas de fond. Qu'y puis-je ?

Tes yeux clos cachaient ton visage,
Et ton rire à demi perché
Faisait trembler la maison sage,
De la cave jusqu'au grenier.

Dans la chambre, nous étions seuls.
J'espérais tes mains se mouvoir
Et m'offrir avec ce glaïeul,
Le grand geste de l'encensoir.

Le feu qu'hiver avait fait bruire,
De douceur nous laissait emplis,
Il pleuvait, je crois. Sans rien dire,
Nous étions des gouttes de pluie…

Sous nos fronts qui restaient dans l'ombre,
Des pensées grises s'effaçaient,
Des chagrins, des sanglots sans nombre,
De vieux rêves disparaissaient.

Les portraits de nos amis morts
Souriaient aux murs de la chambre.
Tu me quittas, ce fut alors
La lenteur triste de Décembre.

Ecoute un peu de tels silences.
Un amour est mort aujourd'hui…
Au bal de la désespérance,
On n'ose pas faire de bruit.
La jeunesse rit, c'est Dimanche.
Ma jeunesse est morte aujourd'hui.
Entends-tu dans leurs robes blanches
Les heures crier, crier vers la nuit,
Frémissantes, mouillées, hagardes.
Les heures vont brûlant mes yeux,
Nos yeux deux par deux se regardent
Et ne peuvent se dire adieu.
Tout va nous séparant peut-être,
Le piano d'acajou, le ciel.
Alors comment te reconnaître
Dans le brouillard universel ?
Indifférence de demain,
Vieux monstre des oublis des rêves,
Notre visage entre nos mains,
L'inquiétude longue puis brève.
Seul à seul dans d'autres histoires,
Les pièges ruses déchirures
D'une autre âme dans la mémoire,
Le bonheur qui sait, livre obscur,
Des choses non réalisées.
Alors comment te reconnaître
Autrement que par un baiser ?
Le dernier, le premier ? Nos êtres
Se sont déjà quittés. Nos rires
N'ont plus lieu de s'entendre ici
Et nous n'avons plus qu'à sourire
De ce double deuil d'aujourd'hui.
Voici s'apaisant les sanglots
Criards, rauques, désordonnés.

Le silence éternel est clos
De nos paroles désolées.

Je marcherai longtemps sur la grève océane,
Ployant vers l'onde une âme délivrée.
Je serai nu…
Et du soleil vêtu seul,
Par une traîne d'ombre.
Pour tout amour,
Je me laisserai prendre à l'écume,
Le plaisir tendre d'un éclaboussement de larmes.
Et quand de mon manteau,
L'ombre aurait pris couleur du sable,
Je ne serai plus rien
Que la poussière étincelante d'une vague,
Quelques remous de vente humide,
Par un certain après-midi gris
Sur l'infini cheminement de la grève déserte.

Le jour s'en va plié comme un accordéon.
Mon cœur est plein de ce que j'aime.
Oh la barque déjà m'appelle,
Sur la rivière de l'amour.

Le jour s'en va. Je meurs d'être oublié ce jour.
Mon cœur est loin de ce que j'aime,
Et la rivière de l'amour
N'est qu'un lac où l'on désespère.

Portez visage un vent meilleur
A mon amour au fil de l'eau,
Portez mes yeux votre regard
Où je veux qu'il soit enchanté,

Vers des rivages enchanteurs.
La barque détachée m'entraîne,
Mon cœur est plein de ce que j'aime.
Portez mon cœur votre douceur

A mon amour au bord des larmes…
Pourquoi pleurer puisque je meurs,
Et quand le fond du ciel s'emplit
De mille fleurs inanimées.

Le jour s'en va ployé sous les fleurs de la nuit.
Mon cœur est plein de ce que j'aime,
Oh la barque déjà s'efface,

Le jour s'en va broyé comme un accordéon,
Mon cœur est plein de ce que j'aime,
Et le soir détruit tout espoir
D'atteindre mon amour à l'aube.

Je te regarde au travers de ma peine.
Je t'envisage ensommeillé,
Lié par cette nuit
A des rêves roulants,
Par ta fièvre mouillée.

Tes draps souffrants,
Tant de fois tu fouilleras
En me cherchant

Par ce parfum de toi
Qui m'est resté,
Fuyant au bout des doigts.
Nous nous retrouverons cette nuit
Au creux de notre amour
Et je te bercerai,
Je tromperai les fièvres,
En mettant à ton cou,
Mes lèvres fraîches à l'air de cette nuit.

Je brouillerai pour toi
L'or en feu, les cuivres assourdissants
De ces délires où tu dérives.

Je t'aimerai tant,
Que ma vie en toi coulera jusqu'à l'aube,
A ce premier effleurement du jour,
Où se dessinera à tes lèvres un sourire.
Tu délieras tes doigts sur le désir d'insupportables caresses…

Et dans le lit désert,
Je fermerai mes poings contre les quelques heures
A gagner la fin de cette nuit…

Camarade, mon camarade,
Combien de fleurs as-tu placées
Dans mes mains, quelle sérénade
As-tu faîte pour me blesser ?

Mon cœur est un point lumineux
Qui se déplace dans ton ombre,
Camarade trop généreux,
Toi, fait de signes et de nombres,

Ecoute ce cœur balancé,
Ce rythme de mes affres graves,
Toi qui ne souffres pas assez,
Ô maître du dernier esclave !
Au fond de moi glisse l'écume
D'un nouveau monde sous-marin.

Je m'étendrai sur le sable des criques,
J'écouterai les chants des étrangers,
Je verrai le soleil plonger ses griffes,
Dans le ventre des paysages.
Je mâcherai des plantes exotiques,
Je toucherai de tendres peaux bronzées,
Je verserai dans des lèvres à vif
Toute la mer aux longues plages.

Emporte-moi voilier de fer,
Emporte-moi, vers cet enfer
Où l'on brûle en pleurant des plaies.
Emporte-moi dans le palais
Jaune et rouge du gouverneur.
Que les fanfares du sonneur
Plantent leur âme prophétique
Dans le ciel sombre de l'Afrique !

J'aurai des esclaves aux longs cheveux,
Je chasserai les animaux splendides
Dans les forêts et les déserts.
J'enlacerai le flanc des algues bleues,
Je respirerai des fleurs merveilleuses,
Et dans la nuit grave aux douceurs limpides,
Je m'endormirai les yeux grands ouverts…

Désirs d'Îles,
Oiseaux sonores…
Neige à l'embouchure d'une Volga,
Grève grise et nue long couloir de sable aveugle,
Crissements d'oiseaux,
Marées.

Ô triangle des limites,
Courbes des yeux baissés,

Paupières empalées sur les cils,
Dents menhirs,
Sacrifice du baiser,
Les lignes de force de la volonté nouvelle,
Traversent le paysage poli
Et s'envolent vers le soleil,
Verticales.

Désert, la ville est lavée d'obsidienne,
De blancs chevaux dansent au vent d'été,
Devant des palais et les châtelaines
Belles aux douces robes de clarté,
Aux douces mains creuses pour les fontaines.

Quel est ton nom Ô mon voyage ?
Où naviguer demain si je l'oublie ?
Laisse mes yeux chercher le paysage
De mon enfance hier ensevelie,
Quel est ton vrai visage, Ô mon visage ?

Je n'ai plus qu'à m'en retourner
Sur la pointe des pieds du Cœur,
Vers mes avenantes années
Face à face avec le malheur.

Parenthèse mélancolie,
Bois dormant des ombres chinoises,
Tout l'Univers Ô ma folie
N'est qu'une belle et triste phrase,

Dite, redite à douce voix.
Je me tais larme sur le sable,
Et le soleil qu'on ne voit pas,
Rêve toujours impénétrable.

Si ta voix chante qu'une rose
Aimait le soleil et le jour,
Mois de mai qu'il pleuve en pluviôse,
Nous partirons vivre l'amour.

Je me penche Ô ma solitude,
Et me suspends à tes cheveux.
Je vois l'ombre des longitudes,
Lentement mourir dans tes yeux.

Que je meure et que je m'en aille
Au ciel trouver d'autres chemins,
Les nuages de Cornouailles
Ont pleuré mes pauvres chagrins.

Les blancs regrets que je vous laisse,
Clairs fantômes de souvenir,
Oh n'attendez pas de faiblesse,
Tous les regrets vont revenir.

Si ta voix monte à mon visage,
Mois de mai ces mille splendeurs,
Humilieront le paysage
Des jours brisés des fausses fleurs.

Je me rejette au dur silence.
La nuit grise étrangle mon cou.
Pourquoi rêver de telle sorte ?
Mais quel est ce mort qu'on emporte ?
Tu es morte sans m'embrasser ?
Et ta mort a tout effacé.

Dans le jardin les arbres craquent,
Je n'irai pas seul dans le parc.
Les cloches au loin s'abandonnent,

Et tu t'en vas comme elles sonnent.

Tu es morte en faisant l'amour,
Moi j'avais oublié le jour.
Tes mains froides se sont brisées,
La pluie dehors s'est apaisée.

Je verrai peut-être tes yeux
Dans les cieux.
Tu es l'enfant aux caravelles,
Te verrai-je monter au ciel ?
Je suis tout seul dans cette chambre,
La fenêtre dans le jour tremble,
Un chien tout gris pleure à la porte,
Mais quelle est cette morte qu'on emporte !

Les caresses les mains d'amour
Nous avons oublié le jour…

Cent fois je suis passé devant
Et jamais je ne m'y suis arrêté.
Cet arbre,
Il doit avoir quarante-deux pieds de haut,
Et mon cœur est en bas.
Dans le parc du grand château historique,
Nous nous étions assis sur un banc de pierre,
Un peu plus loin.
Et mon cœur me faisait des signes liquides et doux.
Je m'approchai,
Cet arbre
Avait pour moi la puissance d'un volatile.
Il me suivait en silence depuis des années
De son miraculeux regard,
J'y trouvai la forme étrange d'un autre Amour,
Plus mystérieux, plus grave et chanteur.
Des années durant, j'avais suivi ma perte
Froidement.
Désormais je pouvais me couvrir des feuilles de mon sang.
J'y reconnaissais les ténèbres aimées d'une vieille
Adolescence. Comme au lycée l'étude,
Et le bruit des livres tachés d'encre,
Et le sommeil qui me prenait dès six heures,
La tête sur les devoirs pas encore faits.
Tous les hivers merveilleux de l'enfance me deviennent
Cet amour. Et mon sang coulait dans les allées du parc
Avec une joie bouleversante.
Je compris que mon cœur m'avait toujours attendu,
Et je l'emporterai sans qu'il me fît mal au bout d'une pique,
Bien plus haut, plus haut que l'arbre.

L'eau douce a coulé d'ailleurs
Emportant son masque sombre,
Et l'aurore aux péchés sans nombre
A versé de tendres pleurs.
S'il s'efface des mirages
Au cœur blême des remous,
C'est que le ciel tendu vers nous,
Vient de déchirer la page.

Mille oiseaux couchés sont blancs
Sur l'éventail des marquises,
Comme les arbres qui se brisent,
Comme l'air, comme le temps,

Comme l'eau douce trépasse…
Et dans l'âme des chansons
Les yeux d'hiver s'en vont, s'en vont,
Sans jamais laisser de traces.

Sur la rive, la rive gauche
Dérive, dérive un garçon.
Pourquoi faut-il que ce fantoche
Ait pris ma rime et ma raison ?

Je vois des nègres se mirer
Dans la Seine mirobolante,
Je crois, je crois que des noyés
Y promènent leur épouvante.

Au cœur de trop bien enchaînés
Revient la rime à toutes rames ;
Mon cœur, mon cœur émerveillé
Se souvient que nous nous aimâmes.

Mais la nuit m'entraîne et raconte
Une histoire qui n'est pas mienne.
Quoi faut-il, faut-il que j'aie honte,
De vous dire toute ma peine ?

Le matin, matin ne voit pas
Sa délicate inquiétude,
Et le jour, le jour sur mes pas
Pose sa longue solitude.

Errant comme désespéré,
Je cherche à comprendre mon âme.
Mais la Seine, cette égarée,
Me montre un visage de femme.
Comme une tête sur ma tête,
Et ses bras autour de mon cou
Ont la force triste des bêtes
L'alarmante douceur des fous.

Remords s'en vont, non su que dire,

Et mes deux n'ont pas su prier.
Le soleil est un beau navire,
Puisse-t-il un jour chavirer,
Je me noierais noierais dans l'aube
Avec celui que j'aime tant.
Riant destin qui se dérobe
Des derniers sanglots de serments.

Le bateau glisse…
Et mes souvenirs remontent
Au temps jadis
Où nous étions enfants sans le savoir.
Où,
Mariés de la danse,
Indécis entre le rythme et le roulis,
Enlacés par la mer,
Nous tournions et volions
Dans l'attente inconsciente
D'une seule seconde.
Dans cet instant où tes yeux furent les miens,
Dans cet arrêt où je fus ton sourire,
La seconde survit.
Ne rétablissons pas le temps des adultes,
Glissons dans le paradis gardé
De notre amour,
Le bateau glisse…

J'ai tant rêvé que j'ai perdu visage
Et que mes doigts ne lisent plus les corps.
Ô mes flamands, mes chevaux d'un autre âge,
Revenez-moi d'un même vol, où l'or
De mon amour se mêle aux fleurs des vagues.

Venu de loin je passe avec la brise
Et je me livre à ce que j'ai connu :
Fièvre, marais, sable où Dieu s'enlise
Redonnez-moi la crainte d'être nu,
Prenez mes mains si douces d'être libres.

J'appelle ici la nature et ses ailes.
Ne voyez-vous pas qu'on se meurt en mes yeux,
L'un après l'autre, images, caravelles,
Quittent mon cœur, et l'oiseau lumineux
Laisse mon port pour une mer plus belle.

Âme la morte, est-ce ainsi qu'on me nomme ?
Moi qui portais le monde en mon miroir.
J'ai tant rêvé d'être parmi les hommes
Qu'à mon réveil nul dieu n'a pu me voir,
Et que la nuit recouvre mon royaume.

Si tu dois venir, que ce soit sur les pourpres
cerisiers ou à cheval sur un velours, ou sur
tes mains percées de givre. Si tu dois venir,
viens vite.
Déjà par trois fois les choses sont mortes.
L'humidité du néant ne peut s'effacer. Le jour
Où il n'y a plus de jour, la pomme n'est plus
véreuse. Si tu savais comme se lave un automne,
avec du sang de cigogne.
Creuse la terre de démence : dans le profond est
le cercueil pourri par la tourbe. Il n'y a pas de
loups. Tes doigts passent et repassent dans les
fentes du bois huileux. Et au bout de tes doigts
il y a des ongles. Lèches si tu l'oses, la rainure
vivante de tes ongles.
Si tu dois venir, ne viens pas. Abandonne le sang
aux loups. Aux angles de tes ongles met du velours.
Crache sur les pommes qui étranglent le cerisier.
Mais laisse la cigogne aller au bord des espaces
pourpres. Si tu dois venir, ne viens pas.
Déjà trois fois les choses ont ressuscité…

Calme éperdu d'une sourde inconscience,
La lampe allume
Un regard de confort
Dans mon silence.

J'attends l'aube et le bruit,
Et guette au long du mur
Un sommeil théorique.

J'attends au hasard le jour de demain,
Des mots…du bruit…
Je venge ma folie
En regardant plus loin.

Que dire s'il fait mal, s'il fait peur
Cette nuit ?
Que taire en moi,
La fuite ?
Qu'attendre,
QUI ?

Camarade, mon camarade
Combien de fleurs as-tu placées
Dans mes mains. Quelle sérénade
As-tu faîte pour me blesser ?

Mon cœur est un point lumineux
Qui se déplace dans ton ombre,
Camarade trop généreux,
Toi fait de signes et de nombres

Ecoute ce cœur balancé,
Ce rythme de mes affres graves,
Toi qui ne souffres pas assez,
Ô maître du dernier esclave.

Je t'apporte cette amertume
Où je ne puis plonger sans fin.
Au fond de soi glisse l'écume,
D'un nouveau monde sous-marin.

Va je n'ai point sur l'âme de manteau.
Tu sembles douce une lueur qui fuit,
Larme sur ma joue déroulée suave,
Va, le jour pleut dans les livres d'images.
Cette harpe dorée plonge sans bruit
Le col de son regard en mes sanglots.

Calme éperdu d'une sourde inconscience,
La lampe allume
Un regard de confort
Dans mon silence.

J'attends l'aube et le bruit
Et guette au long du mur,
Un sommeil théorique.

J'attends au hasard le jour de demain,
Des mots…du bruit…
Je venge ma folie
En regardant plus loin.

Que dire s'il fait mal, s'il fait peur
Cette nuit ?
Que taire en moi,
La fuite ?
Qu'attendre
QUI ?

Sans rien dire et presque à genoux,
Un ivrogne m'assassinat.
Amis me regretterez-vous,
J'aimais tant vivre dans vos bras ?

La mort est grande solitude
Et jamais je ne m'y ferai.
Je reviendrai par habitude,
Comme un oiseau dans sa forêt.

Le jour s'en va plié comme un accordéon.
Mon cœur est plein de ce que j'aime…
Oh la barque déjà m'appelle
Sur la rivière de l'amour…

Le jour s'en va, je meurs d'être oublié ce jour.
Mon cœur est plein de ce que j'aime,
Et la rivière de l'amour
N'est qu'un lac où l'on désespère.

Portez visage un vent meilleur
A mon amour au fil de l'eau,
Portez mes yeux votre regard
Où je veux qu'il soit enchanté,

Vers des rivages enchantés.
La barque détachée m'entraîne,
Mon cœur est plein de ce que j'aime,
Portez mon cœur votre douceur

A mon amour au bord des larmes.
Pourquoi pleurer puisque je meurs
Et que le fond du ciel s'emplit
De mille fleurs inanimées.

Le jour s'en va ployé sous les fleurs de la nuit,
Mon cœur est plein de ce que j'aime,
Oh la barque déjà s'efface
Dans le crépuscule des herbes.

Le jour s'en va broyé comme un accordéon,
Mon cœur est loin de ce que j'aime,
Et le soir détruit tout espoir
D'atteindre mon amour à l'aube.

Les vents ont fui
Au profil des nuages,
Il fut des temps, des pluies,
Les nuits blanchirent nos étangs.

Dans de hasards chemins,
Des pas indifférents ont envahi nos traces,
Nos herbes à goûter leur amertume
D'une verte salive
Attendent encore la morsure.

Les silex de nos plages cisèlent aux marées,
Pour toi te reposer dans le rocher,
Un trône.

Après des âges nous viendrons,
Souvenir par nos yeux,
Ce qu'en mon cœur les larmes ont emperlé de joie.

Nous reconnaîtrons bien
De ces trois jours notre jeunesse,
Notre couleur d'amour,
D'une chambre le ciel…

Il y aura des mots dans le silence
Et d'un baiser montera le soleil…

Peut-être de pleurer
Le vent causera-t-il seul la douceur…

A nous lire je t'aime,
La falaise oubliera son écho
Et la mer enfouira dans le sable,
Le froissement de son écume.

Là-bas des jours,
D'imprévisibles heures.

Les brumes ont porté cependant,
Sans nous,
Des varechs et des mousses,
Cette odeur qui fut nôtre.

Partout de ce recevoir,
Je vénère à mes doigts,
Comme un secret.
Et jusqu'à ce voyage,
A cet aller certain vers nos rivages,
S'il y eut
Par la flamme de frigides chandelles
La grisaille infinie de l'absence,
Des tristesses,
Pas d'un seul geste
Ma main n'aura quitté ta main.

Aujourd'hui tu n'as plus ta main droite et tes bras
ne font plus de signes. Aujourd'hui tu n'as plus de
parole et ce que tu veux dire est informulable. Aujourd'hui
ne peut regarder en face le fond des choses, cette pensée
abrupte, cette imagination de la vie. Certains s'éloignent,
d'autres se cachent, tous ont peur. Le lierre dort sur la
maison
froide où celui que tu attendais n'est jamais venu. Les
fleuves
sont pleins de bateaux, la ville de voyageurs. Aujourd'hui,
dans
la précipitation des instants et des gestes, il te convient
d'apprendre quel bonheur tout cela aurait pu devenir…

Je n'ai plus qu'à m'en retourner
Sur la pointe des pieds du cœur,
Vers mes avenantes années
Face à face avec le malheur.

Parenthèse Mélancolie,
Bois dormant des ombres chinoises,
Tout l'univers Ô ma folie
N'est qu'une belle et triste phrase,

Dite, redite à douce voix.
Je me tais larme sur le sable,
Et le soleil qu'on ne voit pas
Rêve toujours impénétrable.

Dans l'immensité,
Les arbres cyprès
Chantent mon ami.

Mon ami gentil,
Dans l'immensité
M'envoie des baisers.

Des baisers joyeux,
Mes joues sont en feu,
La chanson s'éloigne,

S'éloigne la voix
Des plaines de soie,
Mon ami s'éloigne.

S'éloigne le jour,
A quand le retour ?
Les feuilles sont lasses,

Lasses des hélas.
Aimer sans retour,
N'est pas un amour.

Silence…
Pleure en moi ton absence.
Des gestes esseulés
S'épargnent
Dans l'air tiède à mes mains.

Mes doigts, d'une caresse,
Courbent les mots de ton visage,
D'une perle de fleur
Tes paupières s'éclosent en regard
Sans surprise,
Comme on se voit soi-même ;
Et je goûte tes lèvres
Par une odeur d'accouplement,
Le désir…

J'embraserai si tu le veux
De l'or à ta poitrine,
Et de la foudre argentée
A ta chair j'infuse la brûlure.

A la falaise je prendrai
Ses brumes de varech
Pour engloutir en moi
Ton âme,

J'exhumerai des morts
Le dernier cri,
A la mer venante,
Je grapperai à des oiseaux
La hurle vraie d'une suprême joie,

Le mince regret que je peux avoir de toi, petit être, suffit à embellir de tristesse l'air de mes vacances. Ton regard s'est
fixé en moi aussi bien qu'en ces lieux et qu'en toi-même et
ce regard ne sourit pas. La plage est là, allongée pour des amours stériles, douce après des vagues émancipées, et tes yeux encore s'y baignent. J'ai laissé couler de mes pieds les sandales de cuir, et je m'avance près de toi, dans la lumière, à la recherche d'un visage. Longtemps nous contemplons la mer. Nos ombres ont giclé de nos corps, seules. Ne te semble-t-il pas que nous serons ineffacés ? Mes pieds sableux sont chaussés ; la langue du rivage, plate, à laquelle je me suspends, pour ne pas te perdre nous sépare. Doux visage que je n'ai pas trouvé, doux regard. Le parfum de notre rencontre s'enfonce lentement dans le sable. La mer se supporte sans cesse entre ses bras coupés, avec un pauvre gémissement sauvage. Je ne te vois plus sur la plage. Doux visage, doux regard, qui monte en moi presque tracé, avec le flot mouillé des souvenirs de vacances.

Le vent m'a recommandé d'être sage.
Les oiseaux qui passaient d'un merveilleux passage
M'ont dit d'attendre ici le jour.
Il faisait clair déjà sur la plage,
Je pensais c'est bien joli la mer mais toujours
Pareil, on se lasse. Et les coquillages
Souriaient en s'ouvrant d'un mystérieux sourire.
On se lasse de ne rien dire…
Les bateaux trébuchaient sur les vagues
Et puis partaient si loin qu'on ne les voyait plus.
Le ciel me regardait de son œil vague,
Un peu triste et mouillé comme quand il a plu.
J'étais sage et sur mon visage,
Je reposais mes mains doucement.
Il faisait froid, le vent reparaissait,
Et les oiseaux m'étaient un merveilleux présage.

Et nous irons vivre de la douceur
Des arbres lents et des minces voiles.
Nous serons la prière et le simple désir,
        Oh mes amis !

Dans le port, les vagues que nous fûmes,
Lasses d'être coupées de l'océan,
S'aideront de la tiédeur des lames
Pour se dresser plus désespérément
        Que des montagnes.

Ou plutôt seront larges plaines,
Seront forêts de mille bois,
Et le vent sera notre haleine.
Oh mes amis, que ce jour vienne
Avec la candeur de nos yeux
        Démesurés.

L'aigle liquide entre nos bras,
Nos espoirs plus éclatants que les miracles
Parsemant l'herbe de nos sourires,
Nous serons fiers oh mes amis, nous serons forts,
Et nous nous perdrons avec nos compagnes
Dans l'univers élargi du soleil.
        Oh mes amis !

Vitre comme un regard qui ne sait pas mentir.
Visage sur visage et d'autres oubliés,
La pluie jette ses doigts claquants sur cette vitre
Où mes doigts écrasaient des larmes de baisers ;
J'embrassais sur le verre une bouche effacée.
Vitre qui m'a rendu le rêve des images.
La pluie recouvre l'heure et le soleil glacé
Des mille morts enfin cent mille visages
Transparente et si claire et pourtant je m'y brise.
Je ne peux oublier le rythme de ta voix,
La couleur de tes yeux et la douceur exquise
De tes regards. Et contre moi cette vitre a dressé
le visage d'un ange.
Est-ce toi qui souris, qui passe et te prolonge,
Comme la pluie longtemps mourante en pluie se change
Et comme sur la vitre un geste met un songe ?

Amour ma maison qui ne fut pas heureuse,
Les chants du soir ont cherché à te rejoindre,
Ayant découvert le ciel de cendre
Et les papillons de la Meuse.
Sur la terre des bras nus comme les algues
Ont désespéré des retours, et les herbes
Frémissant aux mains qui se reprennent,
Sont mortes enfin pauvres palmes.

Mortes aussi toutes âmes de Marine,
Par quel gémissement désolé et libre
Sur une mer exhalée si loin,
Des arbres, des fleurs invisibles,
Si loin des couleurs autres que le bleu morne.
De toute âme des Marins inconsolables.
Et le quai vide que leurs yeux ornent
De femmes et de Cathédrales.

La Meuse et le Rhin sont des fleuves sombres
Où des cheveux plongeants brisent les vagues.
J'y revois ce soir l'immense nombre
Des souvenirs et davantage
D'Amours qu'il n'en pourra pleuvoir dans ma bouche.
Mes lèvres se sont fermées comme des bras
Sur une ombre. Ce n'est pas
La vraie tristesse que je touche.
L'eau m'entoure d'un chant gris qui va se taire,
Collines et bois gardent la Maison belle
Que j'ai quittée mais je l'appelle
Amour. Le ciel devient de verre…

Mon frère a décidé de se pendre demain.
Sa chemise est ouverte et mes larmes sont prêtes.
Mon frère a décidé de se pendre demain,
J'aime sa tête blonde et ses boucles d'enfant.
Mon frère a décidé de se pendre demain,
Laisse-moi ton visage éclairé de soleil…

Les enfants de Marie
Offrent l'orfèvrerie
De leur vagabondage

Leur silence rameur
Est un vide voyage

Oh la chambre se meurt

En sa ténèbre grise
Et les enfants se grisent
De boire nue la mer

Aux franges du sommeil
Ne pleure plus ma mère

Leur plage d'or s'éveille

Je suis caché dans un revers de ma manche
Et je me sors trois fois par jour de mon chapeau,
Sous des traits chaque fois divers.